AF275805

Julia Bellido

Flor de calabaza

 · *Haiku*, 13

Primera edición: septiembre de 2025

Dirección: Jesús Aguado y Joan de la Vega

Consejo editorial: Pablo F. Sopuerta, Lola Irún,
Paula Gámiz y Maribel Sola

ISBN: 979-13-990034-1-3
Depósito Legal: B 11316-2025

Para Mari Ángeles Robles
y José Manuel Benítez Ariza.
Sin ellos, esto no hubiera ocurrido.

Una jaula de mimbre
amarrada a un cordel.
Cuelga del techo
asomado al abismo
un pajarillo verde.

A una cigüeña de la azucarera

La dama blanca
resquebraja la noche.
Nido vacío;
es otoño y el aire
lo cubrirá de escarcha.

A la flor de la calabaza

Un sol vencido
ardiente y arrugado.
Es su envoltura
una estrella naranja
cerrada en la mañana.

Tambor de *taiko*:
mi corazón redobla.
Es tu caricia;
me alejo de tus pasos
para que no lo escuches.

Flores de berro,
agua parda y terrosa.
Carpas que nadan;
espirales de espuma
remueven el estanque.

En el pinsapo
un petirrojo canta
lo que yo siento.

Postigo abierto:
un destello amarillo.
En la ventana
brilla el pico del mirlo
a la luz de la luna.

Ya está la luz
entre las hojas pardas.
En el estanque
se deshace la sombra
en pequeñas tinieblas.

Ávidos ojos
que me miran sin verme.
Se me abalanzan
igual que una gallina
sobre un montón de grano.

Primavera temprana.
Flores del limonero
nievan la calle.

En el jardín
las cetonias gravitan
como astros verdes.
El alacrán aguarda
enterrado en la arena.

Cordilleras de sal:
un relumbre de nieve
que no se funde.

Doloroso el granizo
aporrea el cristal;
se enrosca el gato.

Ya está el pájaro
balanceando su sombra.
Bajo la encina
la temprana amapola
no esconde sus colores.

Llegó el otoño:
tamborilea la lluvia.
Caen diamantes
donde fluye el arroyo
y se entristece el chopo.

Flor del magnolio:
perfumada y flexible
renueva el aire.

El invierno aparece
golpeando el cristal
como un guijarro.

Brisa del alba;
canta el gallo en la sombra.
Se rompe el cielo
y enmudece la noche
cuando la luna escapa.

La garza blanca
se demora en la orilla.
Junto a los peces
antes de alzar el vuelo
se refleja su imagen.

Densa neblina
en la linde del bosque.
Hierba silvestre.
Las lágrimas del pino
precursoras de lluvia.

El sol naciente
corona la mañana
de un oro blanco.
Y la sombra levanta
nubes mansas de polvo.

Alta en el cielo
la luna fulgurante.
Rompe el vacío
una amapola blanca
que expande su corola.

El aire mece
las flores del romero.
Junto al olivo
un velo nebuloso
de espejismo y de sombra.

Miro el tapial
donde asciende la hiedra.
Huele a naranjas:
el mundo y su apariencia
me deslumbran la vista.

La noche cae
como un cuenco volcado
de tinta espesa.
La oscuridad me escribe
sin pensar en el alba.

La codorniz
se esconde en la espesura
y brama el ciervo.
En la rama más alta
el halcón la descubre.

Vibran las hojas
de los plateados olmos;
mis ojos tiemblan.

El sol en la arboleda
y el rumor de tus pasos:
todo sucede.

Es otoño en el campo.
Flor de algodón:
nieve mansa que brota.

La lavandera
ahueca su plumaje.
Libre en su vuelo
nos muestra sin saberlo
el principio de todo.

Luz apretada
de la tarde de abril;
me miro adentro.
Más rotunda de golpe
me parece la vida.

Bajo el dolor
algo quiere vivir.
En la gravilla
la grama va pujando
esbelta hacia la luz.

Camino del canal
mis pies rozan la hierba.
Trueno en el cielo.

En la sabina
quieta en su sombra
una abubilla duerme.

Llega noviembre.
Ya llueve en chaparrones.
Y en la pradera
verdes charcos se forman
bajo las manzanillas.